MEMOIRE

POUR MARIE-JEANNE DE BELLINGANT DE KERBABU, Veuve de Messire GILLE Comte d'HAUTEFORT, Lieutenant General des Armées Navales, Intimée & Défenderesse.

*CONTRE le Marquis d'*HAUTEFORT, *Appellant comme d'abus de la célebration du Mariage de l'Intimée, Appellant de la Sentence du Chastelet du 22 Juillet 1732, & Demandeur en Requête du 15 Mai 1734.*

L'Acte de celebration du Mariage de l'Intimée n'a jamais été un problême pour ceux que l'interêt & la passion n'aveuglent point. Personne n'a dû se persuader qu'une Demoiselle d'une noblesse si ancienne que l'origine s'en perd dans l'obscurité des siecles ; qui a reçu une éducation proportionée à sa naissance ; & sur la conduite de laquelle, après les plus éxactes perquisitions, des ennemis puissans & acredités, qui se sont portés contre elle aux plus étranges excès, n'ont pu parvenir à faire naître le plus leger soupçon, eût fabriqué dans les tenebres de faux titres, pour usurper un état qui ne lui appartenoit point.

L'évenement a bien répondu à l'attente du Public. Tous les titres produits par l'Intimée, l'Acte de celebration de son mariage, la quittance de sa dot, ces monumens domestiques, émanés de la main du feu Comte d'Hautefort, ont été pendant un nombre prodigieux de vacations, soumis à l'éxamen & à la critique de plusieurs Experts, ou nommés d'office par la Justice, ou convenus par les Parties. On ne soupçonnera pas l'Intimée, dans l'état d'oppression & d'accablement où elle est depuis sept ans, d'avoir trouvé plus d'accès auprès de ces Experts, que le Marquis d'Hautefort, qui s'est donné dans cette affaire pour *un homme qui avoit* 100000 *livres de rente assurées dans sa maison.* Tous ces Experts ont été obligés de rendre un hommage éclatant à la verité & à la sincerité de ces pieces.

Voilà donc le Marquis d'Hautefort réduit à la necessité humiliante, de reconnoître aujourd'hui la verité d'un mariage, qu'il a annoncé si long-tems à toute la France, comme une chimere, comme une fable, comme une imposture odieuse. Envain nous dit-il, qu'il est bien éloigné d'acquiescer à la verification & au suffrage des Experts, ce ne sont là que des paroles démenties par ses actions & par ses démarches ; il ne s'amuseroit pas à interjetter un appel comme d'abus, qui n'auroit point d'objet, si le mariage qu'il attaque n'éxistoit point, & s'il étoit a portée d'en manifester la fausseté.

Mais voyons ce que le Marquis d'Hautefort peut attendre des nouveaux efforts qu'il fait pour arracher à l'Intimée son état de Veuve du Comte d'Hautefort ; comment ne sent-il pas la force du préjugé qui s'éleve contre lui, de la conduite qu'il a tenue jusqu'à présent dans cette affaire.

A

Il y a actuellement près de sept ans, que le titre constitutif de l'état de l'Intimée, qui résidoit dans le dépôt public du Greffe Royal de Laval, est connu du Marquis d'Hautefort, & que le Greffier qui en étoit le dépositaire, en a délivré une expedition à ses agens. C'est le Marquis d'Hautefort lui-même qui a pris soin de nous instruire de ce fait important. Se persuadera-t'on que depuis un tems si considerable, il ait négligé de s'assurer par lui, ou par ses émissaires, de la verité ou de la fausseté de ce titre? Et si convaincu interieurement comme il a dû l'être, de sa verité sur laquelle il s'efforçoit envain de s'étourdir, & d'en imposer au Public par une fausse confiance, il avoit été persuadé en même-tems, que les loix de l'Etat & de l'Eglise lui administroient des moyens décisifs pour détruire un Mariage qui lui déplaisoit si fort, auroit-il attendu sept ans à les faire valoir?

On doit donc regarder cet appel comme d'abus, que le Marquis d'Hautefort n'a hazardé qu'à la derniere extrémité, comme le dernier coup du desespoir d'un Plaideur opiniâtre, qui se voit réduit aux abois, & qui est trop attaché à un interêt sordide & mal entendu. Par la discussion des nouveaux moyens qu'il propose, on connoîtra sensiblement que l'Intimée n'a rien à craindre de ce dont on a affecté de la menacer; non, que le Marquis d'Hautefort ne s'en flatte pas, *le poids de l'ignominie* de cette affaire *ne retombera jamais sur l'Intimée*; si l'on avoit pesé la force de ces expressions ameres, elles ne seroient point échappées. L'Intimée il est vrai est depuis sept ans dans la plus violente situation qu'il soit possible d'imaginer. Sa famille est épuisée par les dépenses prodigieuses où l'a jettée la poursuite d'un Procès si long & si épineux contre le Marquis d'Hautefort, qui ne s'y est engagé si avant, que parce qu'il a toûjours compté sur l'impuissance de son adversaire. Mais l'Intimée touche enfin au moment de voir finir ses malheurs; & le Marquis d'Hautefort doit du moins se ressouvenir, que dans toutes les révolutions que cette affaire a eues, & même dans ses plus beaux jours de triomphe, il n'a point vû son ennemie accablée sous le poids de l'indignation publique.

FAIT.

En 1725. l'Intimée accompagna à Brest la Dame sa mere, qui a épousé en secondes nôces le Comte de S. Quentin, Capitaine des Vaisseaux du Roy.

Le Comte d'Hautefort, Lieutenant General des Armées Navales, ancien ami du Comte de S. Quentin, rendit plusieurs visites à la Dame de S. Quentin. Il conçut une estime particuliere pour l'Intimée, il se proposa de l'épouser; mais ayant annoncé si souvent la répugnance qu'il avoit pour tout ce qui pouvoit gêner sa liberté, il se faisoit une peine d'avouer à soixante ans qu'il ne pouvoit plus se défendre de subir un joug contre lequel il s'étoit toujours revolté; & c'est ce scrupule mal entendu qui a été par l'évenement la source de tous les malheurs de l'Intimée.

Si dans ce mariage il y avoit quelque disproportion pour l'âge, il n'y en avoit aucune pour la naissance; & le Comte d'Hautefort étoit bien éloigné de faire un affront à sa maison, en épousant une Demoiselle d'une noblesse si ancienne & si pure, que soit du côté de son pere, soit du côté de sa mere, de generation en generation, sans aucune mesalliance, les preuves en remontent au-delà de trois fiecles, fans que l'on puiffe en découvrir l'origine.

La Dame de S. Quentin, après avoir féjourné quelque tems à Breft, re-
tourna à S. Quentin avec fon mari & fa famille. S. Quentin eft une terre
fituée en Baffe-Normandie, aux portes d'Avranches. Le Comte d'Hautefort
écrivit plufieurs lettres au Comte de S. Quentin, & à l'Intimée à qui la Dame
de S. Quentin fa mere avoit laiffé la liberté d'y répondre. Ce commerce de
lettres qui a duré entre le Comte d'Hautefort & l'Intimée depuis le mois
de Novembre 1725, jufqu'à leur mariage celebré le 19 Septembre 1726,
a été foutenu par tous les témoignages imaginables de l'eftime la plus pure
& de l'attachement le plus refpectueux.

Sans entrer de nouveau dans un détail éxact des Lettres qui ont précedé
la celebration du mariage, on fe contentera d'en rappeller à la cour quelques expreffions.

Soyez fûre de la verité de mon cœur pour vous : nous en dirons d'avantage à Hau-
terive .... vous connoiffez mon refpectueux & fidele attachement pour vous. Dites
à mon fils (c'eft ainfi que le Comte d'Hautefort appelloit par amitié le Chevalier de Bellingant frere de l'Intimée, & Enfeigne de Vaiffeau,) *qu'il fe*
tienne prêt quand il recevra mes ordres POUR ME MENER A S. QUENTIN .... *tout*
y fera reglé ; vous ferez la maitreffe fans contredit .... Je voudrois bien que vous
priffiez vos mefures pour venir avec moi ; je veux devenir votre maître .... voyez s'il
vous convient que j'avance ou que je recule mon voyage, je veux bien faire avec
vous, vous aimant très-tendrement, faites-en de même .... marquez-moi comment il
faut que j'écrive à Madame votre mere pour vous avoir, & fur-tout conduifez-moi
bien, defirant de tout mon cœur vous poffeder à Hauterive. A ces proteftations
cent & cent fois réïterées par le Comte d'Hautefort, *d'un attachement pur &*
refpectueux, d'une fidelité parfaite & à toute épreuve, d'une amitié tendre qu'il aura
toute fa vie, reconnoît-on un homme qui ne regarde que comme un amufe-
ment paffager, le commerce qu'il entretient avec celle à qui il écrit.

On apprend par ces mêmes lettres que l'Intimée en avoit écrit quelques-
unes au Comte d'Hautefort, où elle lui témoignoit du mécontentement &
même de la colere : *Vos deux lettres*, dit-il dans une du 23 Août 1726, *me*
font venues à la fois, l'une du fept & l'autre du douze : la derniere eft pleine de co-
lere, je n'y répons point. Voici ce qui y avoit donné lieu.

Le premier projet du Comte d'Hautefort avoit été de fe rendre de Breft
à la terre de S. Quentin pour conclure fon mariage avec l'Intimée, qui de-
meuroit chez fon beau-pere à S. Quentin auprès de la Dame fa mere. Les
lettres dont on vient de rendre compte, ne permettent pas d'en douter *Dites*
à mon fils, dit-il, (en parlant du Chevalier de Bellingant) *qu'il fe tienne prêt*
quand il recevra mes ordres pour me mener à S. Quentin ; mais dans la fuite il
changea de fentiment, & il éxigea que le mariage fût celebré à Hauterive
alleguant pour excufe que le chemin qui conduit de Breft à S. Quentin,
étant un chemin de traverfe, il ne pouvoit pas y arriver commodément avec
fa chaife : *Je n'ai point de raifons à vous donner, que les chemins de traverfe ne va-*
lent rien pour les chaifes, & c'eft ce qui avoit chagriné l'Intimée, parce qu'alors
les incommodités de fa mere & du Comte de S. Quentin fon beau-pere, ne
leur permettoient pas de l'accompagner à Hauterive, éloigné de S. Quentin
de plus de vingt lieues ; & parce qu'à leur défaut elle n'avoit plus perfonne
à S. Quentin, qui pût la conduire à Hauterive avec bienféance.

Le Comte d'Hautefort leva cette difficulté, en envoyant à S. Quentin la Marquise d'Epinai sa sœur, accompagnée de la Demoiselle d'Epinai sa fille, & du Chevalier d'Estourmelles son neveu : *Ma sœur & ma niéce sont parties le dix-sept, & comptent vous voir à la fin du mois, obéïssez à ce qu'ils vous proposeront.* C'est ainsi que s'explique le Comte d'Hautefort dans une lettre du 23 Août 1726. La Dame de S. Quentin se détermina aisément à confier à la Dame d'Epinai l'Intimée, qui partit avec la Demoiselle de Bellingant sa sœur, & le Chevalier de Bellingant son frere.

Aussi-tôt que l'Intimée fut arrivée à Hauterive, le Comte d'Hautefort ne pensa plus qu'à conclure son mariage : le Contrat fut signé le 17 Septembre 1726, & reçu par un Notaire que le Comte d'Hautefort fit venir secretement à Hauterive.

Quoique ce Contrat ne paroisse point aujourd'hui, & quoique par une fatalité inconcevable l'Intimée se trouve aujourd'hui dénuée d'un titre aussi interessant pour elle, il n'est pas moins certain qu'il en a existé un, & que le Comte d'Hautefort s'en étoit constitué dépositaire en faveur de l'Intimée ; ce fait important est établi par des preuves litterales émanées de la main même du Comte d'Hautefort, sur la verité desquelles il est désormais impossible de faire naître le moindre doute, & qu'on aura dans un moment occasion de dévolopper.

Deux jours après la passation du Contrat, & le 19 Septembre 1726, le mariage fut celebré dans la Chapelle du Château d'Hauterive, par le Curé d'Argentré Paroisse d'Hauterive. Le corps de cet Acte de celebration est entierement écrit de la main de ce Curé, qui est mort quinze jours après, & plus de quatre mois avant la mort du Comte d'Hautefort : il est signé de ce Curé, du Comte d'Hautefort, de l'Intimée, du Chevalier de Bellingant son frere, & de la Demoiselle de Bellingant sa sœur. La verification qui en a été faite sous les yeux de la Cour par les Experts que le Marquis d'Hautefort & l'Intimée ont nommés, assure invariablement la verité de ces faits importans, & les principales pieces de comparaison, sur lesquelles les Experts ont procedé à la verification de la signature du Comte d'Hautefort, de l'écriture & de la signature du Curé d'Argentré, ne doivent pas être suspectes au Marquis d'Hautefort. La signature du Comte d'Hautefort a été verifiée sur un Testament holographe du Comte d'Hautefort, par lequel le Marquis d'Hautefort est institué Legataire universel, l'écriture & la signature du Curé d'Argentré ont été verifiées sur differens Actes de baptême, Mariage & Sepulture, écrits de la main de ce même Curé, & inserés dans un Registre de la Paroisse d'Argentré, qui a été apporté au Greffe de la Cour, qui étoit auparavant en dépôt dans le Greffe Royal de Laval, & dans lequel s'est trouvée attachée la feuille volante où est écrit l'Acte de celebration du mariage de l'Intimée.

Peu de tems après que ce mariage fut celebré, le Comte d'Hautefort reçut des Lettres qui l'appelloient à la Cour, où l'on commençoit à jetter les yeux sur lui, pour commander les vaisseaux que le Roy faisoit armer à Brest & à Toulon. On s'imagine aisément la consternation & l'embarras où ces nouvelles jetterent l'Intimée. Son mariage n'étant point declaré elle ne pouvoit ni accompagner son mari à la Cour, ni demeurer pendant son absence dans une de ses terres. Elle n'eut d'autre parti à prendre que de retourner à

S.

S. Quentin auprès de sa mere, & d'y conserver son nom de fille, jusqu'au retour de son mari, qui lui avoit promis de la rejoindre au mois d'Avril, & de rendre alors son mariage public.

Quand l'Intimée quitta son mari à Hauterive, vers le milieu du mois d'Octobre 1726, il avoit eû intention de lui remettre plusieurs papiers de grande conséquence, & entre autres son Contrat de mariage, & un Testament holographe, que depuis son mariage il avoit fait à Hauterive en sa faveur. Le Comte d'Hautefort étoit si pleinement persuadé d'avoir remis à l'Intimée tous ces titres, que dans une de ses lettres il lui recommande expressément de conserver soigneusement ces papiers, à la faveur desquels elle pourroit mettre à la raison ses heritiers, en cas qu'il vinst à mourir *avant que son mariage fût declaré*, & il ne fut desabusé de cette idée que par une lettre que lui écrivit l'Intimée, qui lui donna lieu de rechercher dans une Cassette qu'il portoit toujours avec lui dans ses voyages, où il retrouva en effet tous ces papiers. Ces faits sont disertement écrits dans des lettres du Comte d'Hautefort, dont il faut presentement rendre compte.

Dans une lettre écrite de Paris le 7   1726, le mois n'est point exprimé, mais c'est le mois de Novembre, voici comme il s'explique.

Je n'ai pas perdu un instant en arrivant à Rambouillet à vous demander de vos nouvelles, vous ne devez point douter un moment, ma petite Reine, de ma pure & tendre amitié & de tout mon cœur; ma santé n'est point encore rétablie, songez à la vôtre. NE VOUS ALLARMEZ PAS SI VISTE, JE VOUS REPETE QUE LE MOIS D'AVRIL NE ME REVERRA PAS DANS CE MAUDIT PAÏS. VOUS SÇAVEZ CE QUE JE VOUS AI DIT DE MON ARRANGEMENT, JE PARTIRAI POUR HAUTERIVE, PERSONNE N'AURA PLUS DE MESURES A GARDER. *Je commence à être diablement las de ce maudit métier. Mais gardez bien & avec soin les papiers que je vous ai donnés; car si je venois à manquer,* AVANT QUE NOTRE MARIAGE FUST DECLARE, *vous mettriez par là bien à la raison tous les gens qui se pourroient avec grand tort persuader que je ne pouvois pas par* MON CONTRAT DE MARIAGE *vous donner tout mon bien. Les voilà bien éloignés de compte.* SI JE N'AVOIS PAS EU L'HONNEUR DE VOUS EPOUSER, SOYEZ CERTAINE QUE JE PARTIROIS DEMAIN. *J'ai écrit à mon ami S. Quentin, bon soir, portez vous bien, je le desire de tout mon cœur, ne doutez point de mon amitié très-pure.* Signé, D'HAUTEFORT.

L'Intimée ayant connu par cette lettre que son mari croyoit lui avoir remis les pieces dont il y est parlé, lui écrivit pour le desabuser, & le Comte d'Hautefort ayant en effet retrouvé dans sa Cassette ces papiers, lui fit le 17 Decembre suivant la réponse dont voici les termes:

Vous aviez raison, en arrivant à Paris, j'ai trouvé ce que je croyois vous avoir donné à Hauterive; le tout est ensemble avec NOTRE CONTRAT DE MARIAGE DANS MA CASSETTE AVEC SEURETE. *Vous sçavez ce que je vous ai dit à Hauterive à plusieurs fois avant de vous avoir fiancée, comme j'espere des enfans, je serai bien aise de songer à vous, n'ayant d'autre vûe que de vous rendre heureuse, & que vous vouliez bien me souffrir pour le peu de tems que j'ai à vivre. Voilà mes sentimens pour vous; soyez seure de mon amitié & de mon attachement à toute épreuve.* D'HAUTEFORT.

Dans cette lettre étoit un billet du Comte d'Hautefort entierement écrit de sa main, signé & daté du 15 Decembre 1726, conçu en ces termes.

J'ai fait à Hauterive le Memoire de tout ce qui y est, j'ai dans ma Cassette mon

B

Teftament fait à Hauterive, à Breft il y a partie de ma vaiffelle d'argent & autres chofes, le refte eft bien en forme ; il faut, s'il vous plaît, prendre confeil de Madame de S. Quentin & de mes vieux amis fi je vous manquois. Signé, D'HAUTEFORT, ce 15 Decembre 1726.

Toutes ces pieces ont été verifiées dans le cours du Procès criminel, par cinq Experts nommés d'office par le Lieutenant Criminel. Ces Experts entendus en dépofition ont été récolés & confrontés au Marquis d'Hautefort, & lui ont foutenu en face qu'elles étoient entierement écrites & fignées de la main du Comte d'Hautefort. Et fur quelles pieces ont-ils procedé à cette verification ? fur le Teftament holographe du Comte d'Hautefort, par lequel le Marquis d'Hautefort eft inftitué Legataire univerfel, & fur un Etat des biens de la maifon d'Hautefort, dans lequel il fe trouvoit trente-trois differentes fignatures du Comte d'Hautefort ; il étoit certainement impoffible d'indiquer des pieces de comparaifon plus décifives, & plus propres à mettre des Experts à portée de former un Jugement folide & exact de la verité ou de la fauffeté des pieces qui faifoient l'objet de leur examen.

Le langage de ces lettres dont la verité ne peut plus être revoquée en doute, n'a rien d'obfcur, le Comte d'Hautefort s'y reconnoît bien clairement engagé dans les liens d'un mariage. *Si je n'avois pas eu l'honneur de vous époufer, dit-il, foyez certaine que je partirois demain . . . . . comme j'efpere des enfans, je ferai bien aife de fonger à vous, n'ayant d'autre vûe que de vous rendre heureufe, & que vouliez bien me fouffrir pour le peu de tems que j'ay à vivre.*

A la verité ce mariage n'étoit point declaré, mais on voit dans ces lettres avec quelle effufion de cœur il s'efforce de calmer les inquietudes de celle qu'il a époufée, en lui rappellant les arrangemens qu'il a pris pour rendre fon mariage public, & le deffein où il eft de ne pas laiffer paffer le mois d'Avril fans la mettre dans une fituation où il n'y ait plus de mefures à garder. *Ne vous allarmez pas fi vifte. Je vous repete que le mois d'Avril ne me reverra pas dans ce maudit païs. Vous fçavez ce que je vous ai dit de mon arrangement, je partirai pour Hauterive*, PERSONNE N'AURA PLUS DE MESURES A GARDER.

Ces Lettres, ce Memoire écrits de la main du Comte d'Hautefort & fignés de lui, ne font pas les feules pieces qui affurent la verité du mariage de l'Intimée, & la certitude du fait qu'il a été paffé un Contrat de mariage entre le Comte d'Hautefort & elle. L'Intimée réprefente encore une quittance de dot auffi écrite & fignée de la main du Comte d'Hautefort, qui merite une grande attention. Voici comme cette Quittance eft conçue.

J'ai reçu de Madame d'Hautefort la fomme de 75000 livres, PORTE'E PAR NOTRE CONTRAT DE MARIAGE, & *lui donne cette prefente reconnoiffance pour plus grande feureté, & pour lui être bonne, en foy de quoi j'ai écrit & figné*, Gilles d'Hautefort, à Hauterive ce 2 Octobre 1726.

On a voulu fe faire un moyen de ce que cette quittance fous feing-privé fe trouvoit écrite fur un quarré de papier, qui n'a pas trois doigts de hauteur.

Mais à quoi peut aboutir une critique fi déplacée ? Cette quittance eft écrite & fignée de la main du Comte d'Hautefort. Voilà la circonftance affligeante pour le Marquis d'Hautefort, & décifive pour l'Intimée ; au furplus, elle eft écrite fur une feuille de grand papier à lettre, & quand elle ne feroit que fur un quarré de papier de la hauteur de trois doigts, il n'y a point de Code qui prefcrive de quelle grandeur, & de quelle hauteur doit être un papier où une quittance de dot eft écrite.

Le Comte d'Hautefort eft mort à Paris le 7. Fevrier 1727, dans la maifon de Martinon, Chirurgien, rue Couture Sainte Catherine. Alors l'Intimée étoit au Château de S. Quentin, éloignée de lui de plus de 70. lieues. Elle n'apprit fa mort que par les nouvelles publiques. Quinze jours avant fa mort le Comte d'Hautefort lui avoit donné de nouvelles preuves de fon eftime & de fon amitié dans une lettre du 22 Janvier 1727, où il lui dit : *Je prens le moment que je peux vous écrire, étant attaqué depuis 15. jours d'une fluxion fur les yeux, portez-vous bien : continuez à avoir de la bonté pour moi & de l'amitié, & foyez fûre de la mienne.*

L'Intimée étoit malade lorfqu'elle apprit la mort du Comte d'Hautefort, dont elle attendoit le retour avec tant d'impatience. On juge aifément qu'un évenement fi funefte dût la réduire aux derniers abois.

Les lettres du Comte d'Hautefort que l'Intimée avoit en fa poffeffion, prouvoient bien clairement que dans un tems très-voifin du decès du Comte d'Hautefort, les titres juftificatifs de l'Etat de l'Intimée, & le teftament holographe que le Comte d'Hautefort avoit fait depuis fon mariage, exiftoient dans la Caffette du Comte d'Hautefort, & donnoient lieu d'efperer que ces mêmes papiers avoient dû fe trouver après fa mort. Mais le filence des Heritiers du Comte d'Hautefort à l'égard de l'Intimée n'annonçoit rien de bon ; & d'un autre côté, tant que l'Intimée n'étoit pas en état de produire un acte de celebration de fon mariage, qu'elle n'a recouvré que plufieurs mois après la mort du Comte d'Hautefort ; il lui étoit bien difficile d'obliger les heritiers de fon mari à la reconnoître pour ce qu'elle étoit.

C'eft pendant que l'Intimée étoit dans cette perplexité, qu'elle & fa mere ont écrit ces lettres, dont on a prétendu tirer tant d'avantage ; où il faut convenir qu'il n'eft parlé que d'un mariage projetté, & non d'un mariage réellement celebré. Et c'eft de ces lettres qu'on avoit pris occafion de dire que celle qui s'annonce comme la Veuve du Comte d'Hautefort, eft le premier Témoin qui a depofé contre elle-même, & qu'elle ne devoit pas fe flatter de trouver des efprits affez crédules, pour fe laiffer féduire par une fable, qui fe trouve détruite dans fon principe par des lettres écrites depuis la mort du Comte d'Hautefort, dans un tems où celle qui les a écrites, & qui afpire à la qualité de Veuve du Comte d'Hautefort, n'avoit plus de mefures à garder, & avoit un fi grand intereft de manifefter fa qualité.

Mais pour diffiper toutes ces illufions, il ne s'agit que de fixer quelques Epoques. Toutes ces lettres ont été écrites dans les mois de Mars, d'Avril, & de Mai 1727 ; & ce n'eft que le 6. Septembre de la même année, que l'Intimée a été affez heureufe pour trouver fon acte de celebration dans le Greffe Royal de Laval : tant qu'elle n'étoit point munie de ce titre conftitutif de fon Etat, il pouvoit ne lui pas convenir de s'annoncer dans le monde fous une qualité qu'elle fçavoit bien lui appartenir ; mais qu'elle pouvoit craindre alors de n'être pas a portée d'établir.

On n'a cependant jamais prétendu juftifier ces lettres, qui n'ont été fuggerées que par des confeils plus artificieux qu'éclairés, la prudence exige quelquefois qu'on ne manifefte pas a contre-tems une verité, dont on craint que des Ennemis puiffans ne foient à portée de fupprimer les preuves ; mais il n'y a point d'interêt, fi capital qu'il puiffe être, qui doive déterminer à s'écarter de la verité.

Après tout, quelques nuages que ces lettres fi extraordinaires puiffent faire naître, quand on s'eft épuifé en réflexions fur ces lettres qu'en réfulte-t'il? Rien autre chofe, finon que celle qui les a écrites a eû tort de les écrire. Mais déclinons les regles ; cette faute doit-elle faire perdre à l'Intimée fon Etat ? Eft-il des fins de non-recevoir en matiere d'Etat ? Cent & cent lettres qu'une femme aura pu écrire, où elle aura deguifé fa qualité de femme, aneantiront-elles cette qualité, fi elle eft d'ailleurs établie par des titres non-fufpects ? Ces lettres de l'Intimée effaceront-elles l'acte de celebration de fon mariage, qui s'eft trouvé confervé dans un depoft public, qui eft bien figné d'elle & du Comte d'Hautefort, & dont le corps eft entierement écrit de la main du Curé qui lui a adminiftré la Benediction nuptiale, & qui eft mort quinze jours après la celebration de ce mariage, & quatre mois avant le Comte d'Hautefort ? Ces lettres effaceront-elles les lettres du Comte d'Hautefort, où la verité de ce même mariage eft fi clairement developpée.

Mais il y a quelque chofe de plus, ces lettres que l'on fait valoir avec tant d'emphafe, ne font pas les feules que le Marquis d'Hautefort foit en état de reprefenter. Pourquoi ne reprefente-t'il point celles que l'Intimée a écrites à fon mari, en réponfe à celles où le Comte d'Hautefort parle fi clairement de fon mariage. Dira-t'on qu'on ne les a jamais vûes, & que le Comte d'Hautefort peut les avoir fupprimées à mefure qu'il les a reçûes ? Mais dans le cours du Procès criminel, il a été prouvé par la dépofition d'un Témoin non-fufpect, d'un Domeftique entre les bras duquel le Comte d'Hautefort eft mort, & que le Marquis d'Hautefort avoit auffi fait entendre dans fa procedure de Laval, que le Comte d'Hautefort la veille de fa mort, reçut par la Pofte trois lettres, dont il y en avoit une écrite par l'Intimée, que le Comte d'Hautefort fe fit lire par ce Domeftique les deux autres ; mais qu'à l'égard de celle de l'Intimée, il recommanda à ce Domeftique de la garder avec foin, parce qu'il vouloit la lire en fon particulier quand il fe porteroit mieux ; & qu'à l'inftant du decès du Comte d'Hautefort, le Domeftique dépofitaire de cette lettre, la remit toute cachetée entre les mains de Mandeix, qui étoit le plus ancien des Domeftiques du Comte d'Hautefort ; & qui eft actuellement au fervice du Marquis d'Hautefort. Pourquoi le Marquis d'Hautefort n'a-t'il pas reprefenté cette lettre ?

A toutes ces differentes lettres de l'Intimée & de fa Mere : Voici la réponfe du Marquis d'Hautefort.

Je ne fçai quel éclairciffement vous pouvez defirer de moi, Mademoifelle, je veux bien vous mettre l'efprit en repos fur le Teftament dont je vous envoye une Copie pardevant Notaires. Si vous y étiez nommée, j'ai trop de refpect pour la mémoire de feu mon Oncle, pour que vous n'en fuffiez pas informée. A l'égard du PRE-TENDU MARIAGE, JE VOUS CONSEILLE D'EN OUBLIER JUSQU'A L'IMAGINA-TION, perfonne n'en fera la duppe, & M. d'Hautefort étoit trop connu & trop eftimé pour en pouvoir être foupçonné à fon âge, & tout ce que vous en pouvez dire ne fera que faire beaucoup de tort à votre réputation, vous faire des Ennemis de toute fa famille ; & au bout de cela, cela ne perfuadera perfonne. Faites-moi la grace d'être perfuadée, Mademoifelle, que JE VOUS DONNE UN BON CONSEIL. Je fuis très-parfaitement, &c.

Sur

Sur les termes de cette lettre, nous avons fait une réflexion qui a un peu embarraffé le Marquis d'Hautefort. Car il n'a jamais entrepris d'y répondre. Nous lui avons dit : Votre réponfe ne quadre pas tout-à-fait avec les lettres aufquelles vous répondez ; elle va un peu trop loin. Les lettres ne parlent que d'un projet de mariage, & fi vous n'aviez fçû du mariage de votre Oncle, que ce que vous en ont appris ces lettres, vous n'auriez point dû être effrayé d'un projet qui n'avoit point eu d'execution, & qui avoit été traverfé par la mort du Comte d'Hautefort. Pourquoi donc avez-vous dit dans votre réponfe. *A l'égard du prétendu mariage, je vous confeille d'en oublier jufqu'à l'imagination, perfonne n'en fera la duppe, M. d'Hautefort étoit trop connu & trop eftimé pour en pouvoir être foupçonné à fon âge, & tout ce que vous en pourrez dire ne fervira qu'à faire beaucoup de tort à votre réputation, vous faire des Ennemis de fa famille ; & au bout de cela, cela ne perfuadera perfonne. Faites-moi la grace d'être perfuadée, que je vous donne un bon confeil.* Ces confeils font totalement deplacés dans la bouche d'un neveu, qui n'eft inftruit par des lettres aufquelles il répond, que d'un projet de mariage demeuré fans execution. La feule réponfe naturelle a de telles lettres, de la part d'un homme qui n'auroit eu en effet aucune connoiffance de ce dont on lui parloit, étoit de dire, je ne fçais rien de tout ce que vous me marquez par vos lettres, je n'ai rien trouvé dans les papiers de mon Oncle, qui y ait le moindre rapport. Je n'ai trouvé qu'un feul Teftament holographe, par lequel je fuis inftitué Legataire univerfel, & où il n'y a aucune difpofition qui vous concerne. Pour vous en convaincre, je vous en envoye une expédition en forme. Mon Oncle m'a toujours paru fort éloigné du mariage. Si cependant il étoit fur le point de vous époufer, s'il a paffé avec vous un Contrat de Mariage, fi relativement à ces projets de mariage vous avez quelques prétentions contre fa fucceffion : j'attens qu'il vous plaife m'inftruire des titres fur lefquels vous pouvez fonder vos prétentions. Mais il ne dit point : *à l'égard du prétendu mariage, je vous confeille d'en oublier jufqu'à l'imagination, perfonne n'en fera la duppe, & M. d'Hautefort étoit trop connu & trop eftimé pour en pouvoir être foupçonné à fon âge, tout ce que vous en pourrez dire ne pourra que faire beaucoup de tort à votre réputation, vous faire des Ennemis de toute fa famille ; & au bout de cela, cela ne perfuadera perfonne : Soyez perfuadée que je vous donne un bon confeil.* On ne confeille point d'oublier un mariage qu'on regarde comme n'ayant point été celebré ; on ne regarde point un défunt comme deshonoré par un mariage qu'il n'a point fait ; un mariage projetté & non executé ne fait point de tort à la réputation d'une jeune perfonne, & la famille de celui que par l'évenement elle n'a point époufé, ne doit pas lui vouloir du mal ; mais ce langage aura un fens quand on fuppofera que le Marquis d'Hautefort étoit réellement plus inftruit de la verité du mariage, qu'il n'affectoit de le paroître, & qu'il avoit fur ce mariage des idées affez nettes & affez diftinctes, qui l'embarraffoient encore plus que les lettres aufquelles il répondoit.

Quand on s'abandonne à cette réflexion, on eft bien éloigné de vouloir renouveller l'accufation dans laquelle l'Intimée a eu le malheur de fuccomber. Mais le Marquis d'Hautefort ne doit pas trouver extraordinaire qu'on faffe valoir des réflexions qui naiffent fi naturellement d'une lettre qu'il a écrite lui-même.

C

Dans le cours des contestations sur lesquelles est intervenu l'Arrest du 2 Avril 1729, la Providence a administré à l'Intimée une nouvelle piece d'un caractere singulier.

Le 17 Janvier 1729, le Curé de S. Jean apporta au Greffe Criminel un paquet cacheté, dont l'ouverture a été faite par un Commissaire de la Cour.

Dans ce paquet se sont trouvés deux fragmens de papier fort chiffonés & tachés, & ces deux fragmens de papier, qui rapprochés paroissent faire partie l'un de l'autre, contiennent six lignes, soit entieres soit commencées, & voici ce qu'on lit encore sur ces fragmens verifiés entierement écrits de la main du Comte d'Hautefort.

De S. Quentin Avranches coi
mon Contrat de mar
mon Testament du 24 Septembre. le sertif.
de mon mariage avec elle pour le
tout ètre envoyé bien fidelement au
Château de S. Quentin à Avranches

Par ces fragmens d'enveloppe, il est constaté non-seulement que les titres justificatifs de l'état de l'Intimée, étoient dans la Cassette du Comte d'Hautefort, dans un tems très-voisin de sa mort, mais encore qu'il avoit pris soin de les rassembler dans un paquet, sur l'enveloppe duquel il avoit écrit de sa main l'énumeration des pieces que le paquet contenoit, & leur destination, *pour le tout ètre envoyé bien fidelement au Château de S. Quentin à Avranches.*

Qu'on ne dise point que le Comte d'Hautefort a peut-être envoyé ces pieces à l'Intimée, qui n'a osé les représenter, parce qu'elle en a connu les vices & les défectuositez.

A qui persuadera-t'on que si l'Intimée avoit eû ces pieces en sa possession, elle eût eu interêt de les supprimer, & de s'engager dans une accusation épineuse, dans laquelle elle a par l'évenement succombé? Quelles défectuositez auroient pu rendre inutiles à l'Intimée un Contract de mariage & un Testament holographe?

D'ailleurs, la lettre dans laquelle le Comte d'Hautefort a reconnu avoir trouvé dans sa Cassette les papiers qu'il croyoit avoir remis à l'Intimée, n'annonce point que son intention fût de les lui envoyer; il écrit au contraire comme un homme qui vouloit les conserver en sa possession, jusqu'à ce qu'il les lui remît lui-même : *Vous aviez raison*, lui dit-il, *en arrivant à Paris j'ai trouvé ce que je croyois vous avoir donné à Hauterive, le tout est ensemble avec notre Contrat de mariage, dans ma Cassette avec sûreté.* Il regardoit donc ces papiers comme en sûreté, parce qu'ils étoient dans sa Cassette. Et pourquoi le Comte d'Hautefort n'envoyoit-il pas ces papiers à l'Intimée? Parce qu'il comptoit la rejoindre au mois d'Avril suivant. *Ne vous allarmez pas si vite*, dit-il, dans la lettre du 7 Novembre 1726, *je vous répete que le mois d'Avril ne me reverra pas dans ce maudit pays, vous sçavez ce que je vous ai dit de mon arrangement, je partirai pour Hauterive, personne n'aura plus de mesures à garder.*

Aussi de ce qui s'est trouvé écrit sur les fragmens de l'enveloppe, il résulte clairement que le paquet originairement enfermé sous cette enveloppe, n'étoit point un paquet destiné à être envoyé par la Poste ou autrement. Car quand on veut envoyer à quelqu'un d'une Province dans une autre un paquet cacheté, on n'explique jamais sur l'envelope ce que contient le paquet, la subscription n'annonce que le nom & la demeure de la personne à qui le paquet doit être remis. Cette énumeration annonce donc au contraire un paquet de dépôt, dont le Comte d'Hautefort indiquoit la destination, pour laisser une instruction à ses heritiers, supposé que la mort le surprît.

Quand on réunit toutes ces preuves sous un point de vûe, il est impossible de concevoir des doutes sur la verité du mariage.

Mais avant que de passer à l'éxamen des moyens du Marquis d'Hautefort, il est necessaire de justifier l'Intimée d'un fait odieux qu'on lui impute.

Le Marquis d'Hautefort prétend que l'Acte de celebration qui s'est trouvé en feuille volante, attachée au Registre, conservée dans le Greffe Royal de Laval, y a été frauduleusement glissé par l'Intimée, dans le tems que le Greffier de Laval étoit occupé à chercher dans un autre Registre.

Il est inconcevable que le Marquis d'Hautefort ose encore débiter une telle calomnie, confondue sans ressource dans le cours de la contestation terminée par l'Arrest du 2 Avril 1729.

Cette accusation faisoit partie de celles qui avoient donné lieu à cette procedure monstrueuse de Laval, à la faveur de laquelle M. d'Hautefort étoit parvenu à se rendre le maître de la personne de l'Intimée, procedure qui a soulevé contre lui tout l'univers, qui a été déclarée nulle, & qui lui a attiré cette humiliante condamnation de 20000 liv. de dommages & interêts envers l'Intimée.

Mais quelles preuves l'Intimée a-t'elle employées pour confondre cette calomnie ? Des preuves que le Marquis d'Hautefort a lui-même administrées.

Dans le cours des plaidoiries qui ont donné lieu à l'Arrest du 2 Avril 1729, le Marquis d'Hautefort prétendoit faire résulter la preuve de ce fait de la déposition de deux Témoins, qu'il avoit fait entendre à Laval, & dont il avoit jugé à propos de faire imprimer les dépositions dans un certain recueil enrichi de notes, dont il avoit gratifié le Public, & qu'il avoit intitulé *Pieces*.

Ces deux Témoins étoient Julien Letourneau, Marguillier d'Argentré (Maréchal Ferrant du Bourg d'Argentré) ce Témoin déposoit qu'en qualité de Marguillier d'Argentré, il avoit apporté au Greffe de Laval les Registres des Baptêmes, &c. de la Paroisse d'Argentré, *dans lesquels Registres*, disoit-il, *il n'y avoit aucuns blancs ni feuilles volantes, étant dans les regles qu'ils doivent être.*

Sur cette déposition, le Marquis d'Hautefort fait une note tout-à-fait curieuse, *le fait*, disoit-il, *dont ce Témoin dépose, est d'une extrème consequence .... ce Rgistre n'est pas fort épais, il n'est composé que de dix feuillets, le Temoin n'y a vû aucune feuille volante, donc celle qui s'y trouve aujourd'hui y a été inserée depuis, comme le Temoin suivant va l'expliquer.*

Mais malheureusement la déposition de ce Témoin suivant, qui étoit Croissant, Greffier dépositaire de ce Registre, atteste un fait diametralement opposé. Il dit, *après avoir cherché quelque tems en presence de ladite Dame sans pouvoir trouver ce qu'elle cherchoit, le déposant en feuilletant un des Registres qu'il avoit déja feuilleté, trouva une demi-feuille timbrée au milieu dudit Registre, au*

haut de laquelle eſt inſcrit le mariage du Comte d'Hautefort avec la Dame de Bel-
lingant, qu'il n'avoit jamais vûe QUE CETTE FOIS LA ET UNE PREMIERE FOIS
À LA TESTE NOIRE. *Elle dit au dépoſant voilà ce que je cherche, & le pria de*
le lui délivrer au moment, lequel lui dit qu'il ne le pouvoit, attendu qu'il n'avoit alors
aucun Clerc à la maiſon pour lui faire faire, & qu'elle ſe donât la peine d'envoyer le
lendemain matin ſon Valet qu'il le lui délivreroit, ce qu'il fit y étant venu elle-même....
Qu'il y a toute apparence que la Dame avoit cet Extrait de mariage à la main, qu'elle
avoit coulé ſubtilement dans l'un des Regiſtres, le dépoſant ne l'ayant point vû lorſ-
qu'il le feuilleta, MAIS BIEN DEUX EXTRAITS DE BAPTESME QUI SONT SUR UN
QUART DE PAPIER AUSSI NON COTTÉ NI PARAPHÉ.

Il y a certainement une contradiction évidente entre ces deux dépoſi-
tions.

Le premier témoin dit, quand j'ai porté ces Regiſtres au Greffe de Laval,
il *n'y avoit aucune feuille volante.* Le ſecond, qui eſt le Greffier dépoſitaire,
dit au contraire, qu'à la verité il n'a pas trouvé la premiere fois qu'il a cherché, la feuille où eſt écrit l'Acte de celebration en queſtion, mais qu'il *a*
trouvé deux Exttrairs de Baptême, qui ſont ſur un quart de papier auſſi non cotté
ni paraphé. Par cette contradiction le premier témoin ſe trouve convaincu
d'avoir dépoſé faux.

Mais à ſon tour le ſecond témoin eſt convaincu d'être un faux témoin par
ſa propre dépoſition, en ce qu'il dit *qu'il y a toute apparence que l'Intimée avoit*
cet extrait à la main, qu'elle avoit coulé ſubtilement dans l'un deſdits Regiſtres;
& en ce qu'il apprend en même-tems par la même dépoſition, qu'il a délivré, avec grande reflexion, une expédition de cet Acte, à celle qu'il regardoit comme ayant frauduleuſement inſeré cet Acte dans ſon Regiſtre.
Quelle doit être la conduite d'un homme public, à la garde de qui ſont
confiés les monumens les plus intereſſans de la ſocieté civile, lorſqu'il ap-
perçoit dans un de ces monumens une feuille poſtiche qu'il n'y avoit jamais
vûe, & qu'il n'avoit pas même apperçûe un moment auparavant, en y cher-
chant avec attention? Il doit s'aſſurer de la perſonne qui vient de commettre
un tel attentat, requerir le tranſport du Juge, faire dreſſer un Procès verbal
de l'état de ſon Regiſtre, & conſtater par la dépoſition de perſonnes dignes
de foi, que cette feuille volante vient d'y être inſerée par artifice, & qu'elle
n'y étoit pas auparavant.

Mais il a tenu une conduite bien differente: il a délivré paiſiblement l'expédition qu'on lui demandoit, non pas au premier moment qu'on la lui a de-
mandée ; il nous apprend par ſa dépoſition que quand l'Intimée la lui de-
manda, il lui dit qu'il ne le pouvoit, *attendu qu'il n'avoit alors aucun Clerc*
à la maiſon pour la faire faire, & qu'elle ſe donnât la peine d'envoyer le lendemain matin ſon valet, qu'il la lui délivreroit, ce qu'il fit y étant venue elle-
même. Et par les termes dont il a accompagné cette expédition, il paroît
bien clairement qu'il n'a eu aucune défiance ſur cette piece : on croit necef-
ſaire d'en rapporter exactement les propres termes :

Extrait des Regiſtres des Baptêmes, Mariages & Sépultures de la Paroiſſe d'Ar-
gentré au Dioceſe du Mans, dans un deſquels a été trouvée une demie feuille de
papier timbré, non cottée ni paraphée, en tête de laquelle eſt écrit ce qui ſuit.
Ce jourd'hui 19 *Septembre* 1726, *ont été par Nous Prieur ſouſſigné,* APRÈS
LA PUBLICATION DES BANS DUEMENT FAITE, *mariés haut & puiſſant Seigneur*
Meſſire

Messire Gille d'Hautefort, & Damoiselle Marie-Jeanne de Bellingant, en presence de Messire Jean de Bellingant frere de la conjointe, & Demoiselle Catherine de Bellingant sœur de la conjointe, qui ont signé avec nous Prieur d'Argentré, se sont signez sur ladite demi-feuille, Gille d'Hautefort, Marie-Jeanne de Bellingant, Jean de Bellingant, Catherine de Bellingant, & F. le Blanc, Prieur d'Argentré.

Délivré le present extrait sur son original que avons remis dans le Registre de l'année derniere 1726, & attaché à la fin dudit Registre crainte qu'il ne fût perdu, l'ayant trouvé comme feuille séparée dudit Registre, & non cottée ni paraphée, mais bien en papier timbré & signé des Parties, & du Sieur Prieur dudit Argentré, ainsi qu'il nous est apparu par nous Greffier du Siege Royal de Laval, Gardiataire & Conservateur des Registres des Baptêmes, Mariages & Sépultures des Paroisses de l'Election dudit Laval, d'où dépend ladite Paroisse d'Argentré, le 6 Septembre 1727. Signé, CROISSANT.

Les faits expliqués, la procédure se tranche en un mot.

L'Arrêt du 29 Mars 1732, intervenu sur le Procès criminel, qui renvoye le Marquis d'Hautefort de l'accusation de l'Intimée avec 2000 livres de dommages & interêts, reserve à l'Intimée *à se pourvoir sur ses demandes à fins civiles, ainsi qu'elle avisera bon être; défenses du Marquis d'Hautefort* au contraire.

Le 7 Avril 1732, l'Intimée a formé sa demande civile contre le Marquis d'Hautefort *comme heritier & biens tenant à tel autre titre que ce soit les biens* du Comte d'Hautefort son oncle. Elle demande qu'il soit condamné à lui communiquer les Inventaires faits après le décès du Comte d'Hautefort; à lui rendre & restituer les 75000 livres de dot, suivant la Quittance du 2 Octobre 1726, verifiée avec le Marquis d'Hautefort; cette dot portée par le Contrat de mariage, énoncée en la Quittance; à faire partage de la communauté s'il y échet; à lui payer les arrérages du douaire échûs, & à les lui continuer à l'avenir ainsi qu'il sera reglé après la communication des piéces; enfin elle demande les interêts de la dot, les interêts de la restitution des biens & effets de la communaté du jour du décès, même dès arrérages du douaire, dommages, interêts & dépens, & son deuil.

Le 22 Juillet 1732, l'Intimée a obtenu au Châtelet une Sentence par défaut faute de défendre, qui lui adjuge ses conclusions, & qui fait l'objet de l'appel simple soumis à la décision de la Cour.

A la veille de la plaidoirie le Marquis d'Hautefort s'est enfin déterminé à interjetter un appel comme d'abus de la celebration du mariage de l'Intimée. On est persuadé que cette démarche a dû lui couter beaucoup. Il est triste en effet pour lui, d'être à la fin obligé d'attaquer sérieusement & par les voies de Droit, un mariage qu'il a affecté pendant sept ans entiers de ne regarder que comme une fable.

Des faits & de la procédure qui viennent d'être expliqués naissent trois questions.

Y a-t'il abus dans le mariage?

Si le mariage n'est point abusif, peut-il produire des effets civils?

Enfin, l'Intimée peut-elle demander le payement des 75000 livres contenues dans la Quittance de dot du 2 Octobre 1726?

La discussion de ces trois questions ne sera ni longue, ni épineuse.

D

PREMIERE QUESTION.

Y a-t'il abus dans le mariage du feu Comte d'Hautefort & de l'Intimée ?

Le Marquis d'Hautefort n'oppose qu'un seul moyen d'abus : défaut de présence de propre Curé. Le Curé d'Argentré, qui paroît avoir administré la Benediction nuptiale, n'étoit, dit-on, le propre Curé, ni du Comte d'Hautefort, ni de l'Intimée.

Il ne l'étoit point de l'Intimée, qui étoit mineure lorsque ce mariage a été celebré, & qui par conséquent ne pouvoit avoir d'autre domicile que celui de sa mere qui demeure en Normandie, au Château de S. Quentin, près Avranches.

Il ne l'étoit point du Comte d'Hautefort, qui étoit constamment domicilié à Paris.

Les preuves du domicile du Comte d'Hautefort à Paris, ajoute-t'on, résultent d'un Acte pardevant Notaires du 2 Mars 1725, où il se dit demeurant à Paris, rue neuve des Bons-Enfans ; d'un Bail pour trois ans & neuf mois d'une maison rue de Varenne, de 1300 liv. de loyer qu'il a occupée depuis la S. Jean 1725, jusqu'à sa mort ; des Quittances de ses loyers ; des Quittances de la Capitation de ses domestiques ; des Quittances de la taxe des Pauvres. Enfin, dit-on, après sa mort on a apposé à Paris le scellé sur ses effets, on a fait un Inventaire, & c'est à Paris que se sont trouvés ses meubles, sa cassette & sa vaisselle d'argent. A la verité il avoit une Terre dans la Paroisse d'Argentré, mais on n'a jamais prétendu qu'un homme qui a plusieurs Terres, eût un domicile dans chacune de ces Terres : le Curé d'une Terre où l'on n'a point fixé son domicile est un Prêtre étranger, sur-tout quant à la Benediction nuptiale. Par les Lettres que l'Intimée produit, on voit que le Comte d'Hautefort n'appelle jamais autrement sa terre d'Hauterive que *son Gaillardin.* Cette Terre se trouvoit sur le chemin de Paris à Brest, le Comte d'Hautefort n'y alloit jamais que pour s'y délasser quelques momens, mais cette Terre n'étoit point son domicile, il étoit domicilié à Paris sur la Paroisse de S. Sulpice, le Curé de S. Sulpice étoit seul son propre Curé ; le Comte d'Hautefort n'a donc pû valablement se marier dans la Paroisse d'Argentré, *il vaudroit autant,* a t'on dit pour le Marquis d'Hautefort, *se marier devant un Notaire, ou devant la premiere personne qu'on trouveroit dans la rue.*

Les réponses à ce moyen d'abus se presentent d'elles-mêmes à l'esprit.

Dans les principes de la saine Jurisprudence, lorsqu'il s'agit de faire l'application d'une Loi, & sur-tout d'une Loi rigoureuse & pénale, dont on veut faire usage, pour priver quelqu'un de son état, il ne s'agit pas seulement de consulter ses dispositions, il faut prendre la Loi dans son entier, s'assurer de l'objet que le Législateur s'est proposé, & examiner avec l'attention la plus scrupuleuse si le cas qui se presente est celui que le Legislateur a prévû.

Quel a été l'objet de nos Loix en établissant comme une formalité essentielle pour la validité des mariages, la necessité de la presence & du consentement du propre Curé des parties contractantes ? pour découvrir cet objet, il n'y a qu'à consulter le préambule de la Déclaration de 1639, & de l'Edit du mois de Mars 1697.

La Declaration de 1639, après avoir rappellé les loix anterieures, dit qu'elles n'ont pas été assés fortes *pour arrêter le cours du mal & du désordre qui a troublé le repos de tant de familles, & flétri leur honneur, par des alliances inégales & souvent honteuses & infames.* Le Legislateur dit ensuite que *ne pouvant plus souffrir que la sainteté d'un si grand Sacrement qui est le signe mystique de la conjonction de Jesus-Christ avec son Eglise, soit indignement profanée, & voyant d'autre part à notre grand regret & au préjudice de notre Etat, que la plûpart des honnêtes familles de notre Royaume demeurent en trouble par la subornation & enlevement de leurs enfans, qui trouvent eux-mêmes la ruine de leur fortune dans ces illegitimes conjonctions, nous avons résolu d'opposer à la frequence de ces maux la severité des Loix, & de retenir par la terreur de nouvelles peines ceux que la crainte ni la reverence des Loix divines & humaines ne peuvent arrêter, n'ayant en cela autre dessein que de sanctifier le mariage, regler les mœurs de nos Sujets, & empêcher que les crimes de rapt ne servent plus à l'avenir de moyens & de degrés pour parvenir à des mariages avantageux.*

Le préambule de l'Edit de 1697, ne s'exprime pas dans des termes moins énergiques. *Les Saints Conciles,* dit cet Edit, *ayant prescrit comme une des solemnités essentielles au Sacrement de mariage la presence du propre Curé de ceux qui contractent, les Rois nos Prédecesseurs ont autorisé par plusieurs Ordonnances l'execution d'un Reglement si sage, & qui pouvoit contribuer aussi utilement à* EMPESCHER CES CONJONCTIONS MALHEUREUSES QUI TROUBLENT LE REPOS ET FLE'TRISSENT L'HONNEUR DE PLUSIEURS FAMILLES PAR DES ALLIANCES SOUVENT ENCORE PLUS HONTEUSES PAR LA CORRUPTION DES MOEURS QUE PAR L'INEGALITE' DE LA NAISSANCE. *Mais comme nous voyons avec beaucoup de déplaisir que la justice de ces Loix & le respect qui est dû aux deux Puissances qui les ont faites n'ont pas été capables* D'ARRESTER LA VIOLENCE DES PASSIONS QUI ENGAGENT DANS LES MARIAGES DE CETTE NATURE, *& qu'un interêt sordide fait trouver trop aisément des Témoins & même des Prêtres qui prostituent leur ministere aussi-bien que leur foi pour profaner de concert ce qu'il y a de plus sacré dans la Religion & dans la societé civile, nous avons estimé necessaire, &c.*

Il est évident par toutes ces expressions si dignes de la Majesté de nos Rois, que leur intention a été uniquement d'arrêter dans leurs Etats le cours d'un désordre & d'un abus qui consistoit dans la profanation d'un Sacrement auguste, & de garentir les familles de leurs sujets du trouble qu'y excitoient *ces conjonctions malheureuses qui flétrissent leur honneur par des alliances souvent encore honteuses par la corruption des mœurs, que par l'inégalité de la naissance;* d'empêcher que *les crimes de rapt ne servent plus à l'avenir de moyens & de degrés pour parvenir à des mariages avantageux.*

Mais de bonne foi le mariage que le Comte d'Hautefort a contracté avec l'Intimée est-il du nombre de ces *conjonctions malheureuses* detestées par nos Legislateurs ? Est-ce par la voye du crime de rapt que l'Intimée mineure est parvenue à devenir l'épouse d'un Lieutenant General des Armées navales sexagenaire, qui n'étoit comptable de ses actions à personne ? l'alliance du Comte d'Hautefort avec l'Intimée est-elle *plus honteuse encore par la corruption des mœurs que par l'inégalité de la naissance ?* Depuis sept ans que l'Intimée est l'objet des persécutions du Marquis d'Hautefort, il n'a pû parvenir à faire naître le plus leger soupçon sur sa conduite ; & à l'égard de la naissance, il est plus qu'évident que le Comte d'Hautefort n'a point fait d'affront à sa Maison en épousant une Demoiselle d'une noblesse au moins égale à la sienne, & dont les preuves remontent au-delà de trois siecles, sans que l'on puisse en découvrir l'origine.

Il ne faut que cette premiere réflexion pour sentir toute l'injustice des prétentions du Marquis d'Hautefort. Si les démarches qu'il fait pour arracher à l'Intimée son état, étoient produites par un interêt d'honneur ; s'il pouvoit faire envisager le mariage de son oncle avec l'Intimée, comme un engagement honteux & deshonorant pour sa Maison, il pourroit alors réclamer avec succès l'autorité de ces Loix augustes qui s'élevent avec tant de force contre ces sortes de mariages qui portent la désolation dans le sein des familles, & qui causent dans l'Etat de si étranges ravages ; mais quand il est obligé de reconnoître qu'il ne peut attaquer son adversaire ni sur sa naissance ni sur ses mœurs ; quand il est certain que le mariage qu'il veut détruire n'a rien qui ressemble à ceux dont nos Loix ont eû pour objet d'arrêter le cours ; quand enfin il est évident que ce n'est qu'un interêt pecuniaire qui fait agir le Marquis d'Hautefort, merite-t'il d'être écouté ?

Mais l'Intimée ne s'en tient pas à cette premiere réflexion. Est-il vrai que le Curé d'Argentré qui a celebré le mariage dont il s'agit, ait été à l'égard du Comte d'Hautefort un Prêtre étranger & sans Caractere, pour lui administrer la Benediction nuptiale ; & que le Comte d'Hautefort n'ait pas eu dans la Paroisse d'Argentré un domicile qui l'ait autorisé suivant les Loix, à pouvoir s'y marier valablement ?

En matiere de domicile, les principes sont certains. Ce n'est pas la seule résidence corporelle & actuelle qui caractérise le domicile ; c'est l'esprit, l'intention, l'affection du domicilié. *Domicilium est animi & facti.* Et la regle fondée sur la connoissance du cœur de l'homme, est de regarder comme le veritable domicile d'une personne, le lieu où elle a le siege de sa fortune. C'est l'idée que les Loix nous en donnent *in eo loco singulos habere domicilium non ambigitur ubi quis larem, rerumque ac fortunarum suarum summam constituit, undè rursùs non sit discessurus si nihil avocet, undè cum profectus est peregrinari videtur, quò si rediit peregrinari jam destitit.* L. 7. C. De incolis.

Tous ces caracteres décrits par la Loi, conviennent parfaitement à la Terre d'Hauterive, située dans la Paroisse d'Argentré, dont le Comte d'Hautefort étoit le seul Seigneur, Haut, Moyen, & Bas-Justicier, dont le revenu est au moins de 6000 liv. que le Comte d'Hautefort avoit recueillie dans la succession de ses Peres, où ses Pere & Mere avoient eû leur domicile, où il étoit logé & meublé convenablement ; & où il alloit avec empressement, tout autant de fois qu'il en avoit la liberté.

Mais en 1725, le Comte d'Hautefort avoit loué une maison à Paris, qu'il a occupée depuis la S. Jean 1725, jusqu'à sa mort. Cette circonstance ne détruit point la certitude du domicile que le Comte d'Hautefort avoit à sa Terre d'Hauterive dans la Paroisse d'Argentré, dont il étoit Seigneur, & n'autorise point à conclure que le Comte d'Hautefort n'avoit de veritable domicile qu'à Paris.

Quelle étoit la situation du Comte d'Hautefort ? Etoit-il attaché à Paris,

ou

ou à la Cour, par la poffeffion de quelque Office confiderable, qui y exigeât fa préfence & fa réfidence habituelle ? Avoit-il à Paris le fiege de fa fortune ? Le Comte d'Hautefort étoit parvenu par fa Bravoure & par fes Services au Grade de Lieutenant General des Armées Navales ; c'étoit donc un homme expofé par fon Etat & par fon Grade à faire continuellement fur mer des voyages de long cours, que rien ne fixoit à Paris, qui n'y faifoit que des féjours paffagers ; & qui cependant fur la fin de fa vie avoit cru convenable de prendre le refte d'un bail d'une maifon, d'un prix très-modique pour un homme de fon Etat, pour pouvoir s'y retirer quand fes affaires l'obligeoient de venir à Paris, ou à la Cour, & pour y être logé plus décemment & plus commodément qu'il n'auroit pû être dans un Hôtel garni.

Rien n'eft donc plus foible que les preuves que l'on rapporte pour établir ce prétendu domicile du Comte d'Hautefort à Paris. Combien y a-t'il de perfonnes qui attirées à Paris par leurs affaires, & obligées d'y féjourner un tems confiderable, y louent des maifons, y payent la Capitation de leurs Domeftiques & la Taxe des pauvres, fans acquerir pour cela un veritable domicile à Paris, & fans perdre le domicile réel & effectif qu'ils ont dans le lieu où eft le fiege de leur fortune. Le Comte de S. Quentin, par exemple, qui eft venu à Paris avec fa femme, pour la pourfuite de l'affaire de l'Intimée fa Belle-fille, s'eft ennuié de fe confumer en frais dans un Hôtel garni, & à loué fucceffivement deux differentes maifons ; il paye depuis plufieurs années la Capitation de fes Domeftiques à Paris ; il y paye la Taxe des pauvres. Toutes ces circonftances font-elles qu'il foit réellement domicilié à Paris, & qu'il ait ceffé d'avoir fon domicile au Château de Saint Quentin ?

Mais, dit-on, c'eft à Paris que fe font trouvés les principaux effets du Comte d'Hautefort après fa mort. L'Intimée rapporte la preuve du contraire dans ce Memoire écrit & figné de la main du Comte d'Hautefort, daté du 15 Decembre 1726, où le Comte d'Hautefort dit : *J'ai fait à Hauterive le memoire de ce qui y eft. J'ai dans ma Caffette mon Teftament fait à Hauterive, à Breft il y a partie de ma Vaiffelle d'argent.* On voit clairement par ce memoire, que les effets du Comte d'Hautefort étoient répandus en differens endroits ; qu'il avoit à Breft une partie de fa Vaiffelle d'argent, qu'il avoit à Hauterive des effets qui fixoient fon attention, puifqu'il avoit eu la précaution de faire un memoire de tout ce qui y étoit ; & qu'il étoit fi peu occupé des meubles qu'il pouvoit avoir à Paris, qu'il n'en fait aucune mention dans fon memoire.

Enfin, quand il feroit certain que le Comte d'Hautefort avoit un domicile à Paris, il fuffit qu'il foit également certain qu'il en avoit un autre dans fon Château d'Hauterive, pour que l'on doive en conclure qu'il a pû valablement recevoir la Benediction nuptiale du Curé de la Paroiffe où ce Château étoit fitué, & dont le Comte d'Hautefort étoit le feul Seigneur.

Il n'eft point du tout extraordinaire qu'un homme, maître de fon fort, & qui ne dépend que de lui, ait en même-tems deux domiciles dans deux differentes Paroiffes, il n'y a qu'à confulter Van-Efpen, part. 2. tit. XII. cap. 5. n. 8. Il eft conftant, dit ce Canonifte, qu'il arrive quelquefois qu'un homme eft en même-tems domicilié dans deux Paroiffes differentes, quoiqu'il réfide plus ordinairement dans l'une que dans l'autre : *Hoc conftat quod*

E

subindè quis possit in duabus Parochiis eodem tempore habere domicilium , si nimi-rùm juxtà moralem loquendi modum , in utràque sic familiam instituat , ut utrobique juxtà moralem & vulgarem loquendi modum habitare censeatur , licet in uno forsàn loco frequentius resideat personaliter , quam in altero. Et ce principe que pose Van-Espen, n'est point étranger à la matiere que nous traitons. Le Chapitre où se trouve ce passage, a pour titre : *Coram quo matrimonium contrahendum.* C'est donc rélativement à la matiere même du mariage, que ce sçavant Ca-noniste établit qu'un homme peut-être en même-tems domicilié dans deux Paroisses differentes , quoiqu'il réside plus ordinairement dans l'une que dans l'autre.

Qu'on ne dise point que le sentiment de Van-Espen n'est point suivi dans notre jurisprudence. Nous avons dans le Journal du Palais un Arrest celebre du 6 Septembre 1670 , confirmatif d'une Sentence arbitrale qui a jugé que M. le Prince de Guimené , Pair de France & Grand Veneur , par conse-quent possesseur de deux Offices de la Couronne , qui sembloient devoir le fixer invariablement à Paris & à la Cour , avoit en même-tems deux domi-ciles ; l'un à Paris & l'autre dans une de ses Terres sise en Anjou , quoiqu'il fût certain que ce Seigneur avoit résidé presque toujours à Paris & à la Cour. Si un Duc & Pair , Grand Veneur , qui avoit passé presque toute sa vie à Paris a été jugé avoir un domicile en Anjou , en même-tems qu'il avoit un autre domicile à Paris , quelle difficulté peut-il y avoir a reconnoître qu'un Lieutenant - General des Armées Navales , que son emploi ne fixoit nulle-ment à Paris , & qui possedoit une terre patrimoniaie d'un revenu assés con-siderable où il alloit avec empressement toutes les fois que ses affaires le lui permettoient , où il étoit logé & meublé convenablement , où il se plaisoit infiniment , avoit un domicile dans cette terre , en même-tems qu'il avoit à Paris une autre habitation , où il séjournoit quand il y étoit appellé par ses affaires ; & quand il seroit averé qu'il résidoit plus ordinairement à Paris qu'à sa terre , il n'en seroit pas moins certain , suivant les principes de Van-Espen , qu'on devroit le regarder comme ayant aussi un domicile à sa terre , dès que par son arrangement domestique , il étoit évident qu'il avoit en mê-me-tems & une habitation à Paris , & une habitation à sa terre : *In utràque sic familiam instituerat , ut utrobique juxtà moralem & vulgarem loquendi modum habitare censeretur licet in uno forsàn loco frequentiùs personaliter resideret quam in altero.*

En un mot , & cette derniere réflexion est decisive , bien loin que l'on puisse tirer un moyen d'abus de ce que le Comte d'Hautefort s'est marié dans son Château d'Hauterive , & non sur la Paroisse de S. Sulpice , où il avoit aussi une maison ; rien n'est plus propre à faire voir que dans le doute qui peut naître du concours de ces deux differentes habitations que le Comte d'Hau-tefort avoit en même-tems au Château d'Hauterive & à Paris , l'habitation d'Hauterive étoit dans son esprit son veritable domicile d'affection , que la circonstance qu'il s'y est marié , & qu'il y a reçu la Benediction Nuptiale du Curé de la Paroisse de sa Seigneurie. Peut-on sans faire violence à la raison se persuader que le Curé d'Argentré ait été , quant à la Benediction Nup-tiale , un Prêtre étranger à l'égard du Comte d'Hautefort , Seigneur de la Paroisse , qui y résidoit frequemment ? Si ce Curé étoit actuellement vivant seroit-il exposé à la censure du ministere public , & à l'animadversion de la

Cour, pour avoir adminiſtré la Benediction Nuptiale à ſon Seigneur ſexagenaire, ſur qui il avoit une juriſdiction ordinaire, comme ſur le premier de ſes Paroiſſiens, dès que ce Seigneur réſidoit fréquemment & habituellement dans ſa terre, lorſqu'il n'étoit point occupé à remplir les fonctions de ſon emploi. Quand nos Loix exigent qu'on ſe marie devant ſon propre Curé, leur principal objet n'eſt-il pas que le Prêtre qui adminiſtre la Benediction Nuptiale, connoiſſe comme Paſteur, l'ouaille qui s'adreſſe à lui pour recevoir un Sacrement auguſte. Dira-t'on que le Comte d'Hautefort étoit inconnu au Curé d'une terre qu'il avoit recueillie dans la ſucceſſion de ſes peres?

Il faut donc conclure que le moyen d'abus tiré du prétendu défaut de préſence du propre Curé, porte à faux dans toutes ſes parties à l'égard du feu Comte d'Hautefort, d'autant plus même que les preuves par leſquelles on prétend établir le domicile du Comte d'Hautefort à Paris, ne remontent pas au-delà du 2 Mars 1725, mais avant le 2 Mars 1725, où le Comte d'Hautefort avoit-il ſon domicile? On ne prouve point qu'il l'ait eu à Paris; on eſt cependant obligé de lui en ſuppoſer un. S'il n'en avoit point à Paris, il ne pouvoit l'avoir qu'à Hauterive, qui étoit le domicile de ſes pere & mere, & alors pour le ſuppoſer domicilié à Paris, lorſqu'il s'eſt marié au mois de Septembre 1726, il faudroit ſuppoſer une tranſlation de domicile d'Hauterive à Paris. Or cette ſuppoſition eſt le comble de l'égarement, quand elle n'eſt pas appuyée par les titres les plus précis qui manifeſtent ſans équivoque de la part du Comte d'Hautefort un deſſein formé de renoncer à ſon ancien domicile dans le Château d'Hauterive, pour le fixer un nouveau domile à Paris.

Si ce moyen d'abus porte à faux à l'égard du Comte d'Hautefort, il n'eſt pas plus heureuſement appliqué à l'égard de l'Intimée.

Il eſt vrai que l'Intimée qui étoit mineure lors de la celebration de ſon mariage, ne pouvoit pas avoir d'autre domicile que celui de ſa mere domiciliée en Normandie au Château de S. Quentin. Mais lorſque ceux qui ſe marient ſont domiciliés dans deux differentes Paroiſſes, la préſence du propre Curé de l'une des parties, & le conſentement du Curé de l'autre partie, rempliſſent tout ce que les Loix exigent pour la validité des mariages, & lorſque la Benediction Nuptiale a eſté conſtamment adminiſtrée par le propre Curé de l'une des parties, la moindre preuve indicative de la connoiſſance que le Curé de l'autre partie a eûe du mariage, ſuffit pour faire préſumer ſon conſentement au mariage, & pour écarter le moyen d'abus que l'on voudroit fonder ſur le défaut du conſentement de cet autre Curé.

Or ici l'on ne peut révoquer en doute le conſentement du Curé de S. Quentin au mariage de l'Intimée, par deux raiſons déciſives & ſans réplique.

1°. Parce qu'il eſt énoncé dans l'acte de celebration, que le mariage a eſté celebré *après la publication des bans dûment faite*. Cette énonciation portée par un acte de celebration, entierement écrit de la main du Curé d'Argentré & ſigné de ce Curé, qui avoit caractere pour adminiſtrer le Sacrement de mariage au Comte d'Hautefort ſon paroiſſien, merite une pleine foi. Et dès que par cette énonciation, il eſt certain que le mariage dont il s'agit a eſté précédé *d'une publication de bans dûment faite*, il faut neceſſairement reconnoître que les bans ont eſté publiés dans la Paroiſſe de S. Quentin, comme dans celle d'Argentré, & conclure de la certitude de ce fait, que le Curé de S. Quentin, qui a en effet envoyé au Curé d'Argentré son certificat de publication des bans, a necessairement consenti au mariage dont il s'agit.

2°. Il est d'autant plus impossible de révoquer en doute ce consentement du Curé de S. Quentin, que quand l'Intimée après la mort du Comte d'Hautefort a été obligée de se mettre en mouvement, & de faire à Laval differens voyages, pour rechercher les titres justificatifs de son Etat, elle étoit dans ces voyages accompagnée du Curé de S. Quentin. Et ce qu'il y a de plus singulier, c'est que le Marquis d'Hautefort avoit pris de-là occasion d'impliquer le Curé de S. Quentin dans cette odieuse procédure qu'il avoit faite à Laval, & de faire décreter ce Curé d'ajournement personnel, comme complice des manœuvres qu'il avoit plû au Marquis d'Hautefort d'imputer à l'Intimée. Par l'évenement, ce Curé a été bien vangé de l'outrage que le Marquis d'Hautefort avoit voulu lui faire ; puisque l'Arrêt du 2. Avril 1729, qui a déclaré nulle cette monstrueuse procédure, & qui a condamné le Marquis d'Hautefort en 20000 liv. de dommages & interêts envers l'Intimée, l'a en même-tems condamné en 1000 liv. de dommages & interêts envers le Curé de S. Quentin. Or dès qu'il est certain que le Curé de S. Quentin a bien voulu aider l'Intimée dans la recherche des titres qui pouvoient établir sa qualité de femme du Comte d'Hautefort, & l'accompagner dans les voyages qu'elle a faits à Laval, où elle a par l'évenement trouvé l'acte de celebration de son mariage, duquel le Greffier Royal de Laval lui a délivré une expédition le 6. Septembre 1727 ; il est évident que le Curé de S. Quentin a eu necessairement connoissance du mariage de l'Intimée, & qu'il y a donné les mains.

Le seul moyen d'abus que le Marquis d'Hautefort propose contre le mariage de l'Intimée, se trouvant invinciblement détruit par les réflexions que l'on vient de proposer, les autres objections que le Marquis d'Hautefort fonde sur ce que ce mariage ne paroît avoir été celebré qu'en presence de deux Témoins ; & sur ce que l'acte de celebration de ce mariage n'a point été inscrit sur les Registres publics, mais seulement sur une feuille volante détachée du Registre, ne méritent pas la plus légere attention.

La circonstance qu'il n'y a que deux Témoins qui ayent assisté à la celebration du mariage dont il s'agit, & qui en ayent signé l'acte, ne peut jamais administrer un moyen d'abus, & l'on se croit d'autant plus dispensé de s'étendre sur ce point, que le Marquis d'Hautefort n'a pas osé lui-même faire valoir cette circonstance comme un moyen d'abus.

Van-Espen au Chapitre que l'on vient de citer nombre 23. établit diferement que les Ordonnances qui exigent la presence de quatre Témoins, ne sont observées à la rigueur dans aucune Province du Royaume, par rapport à ce nombre déterminé de quatre Témoins, & que la presence de deux Témoins suffit pour la validité d'un mariage : Voici comme s'explique ce sçavant Canoniste. *Juxtà Edictam Blesense, Art. 40. requiruntur in Gallià quatuor Testes, sed quoad hunc numerum Testium, articulum illum in nullà Regni Provincià receptum fuisse Testatur Jennin. N. 989. undè passim & ibidem receptum est duos ad validitatem matrimonii sufficere.*

Et en effet, le Registre de la Paroisse d'Argentré, qui a été apporté au Greffe de la Cour fait foi, que la plûpart des mariages qui y sont inscrits, n'ont n'ont été celebrés qu'en presence de deux Témoins.

La circonstance que l'acte de celebration du mariage dont il s'agit, n'est inscrit que sur une feuille volante, qui ne fait point partie d'un Registre public, est encore plus indifferente. Tout l'avantage que le Marquis d'Hautefort peut en tirer se réduit à dire, que la preuve que l'Intimée rapporte de son mariage, n'est point revêtue des caracteres d'authenticité que les Loix exigent ; & c'est par cette raison, que deux Arrêts de la Cour ont jugé que l'Intimée étoit dans la necessité de communiquer à son adversaire l'original même de son acte de celebration, & de le faire verifier ; mais le défaut d'authenticité de la preuve du mariage, ne peut jamais porter d'atteinte au lien du mariage, ni administrer un moyen d'abus. D'autant plus que les Ordonnances qui imposent aux Curez la necessité d'inscrire les mariages qu'ils celebrent sur des Registres publics, tenus dans les formes qu'elles prescrivent, ne prononcent aucune peine contre les Parties, dont les mariages ne seront point inscrits dans les Registres publics ; mais seulement contre les Curez qui négligeront de satisfaire aux obligations que les Loix leur imposent.

Il doit donc demeurer pour certain que le mariage de l'Intimée, dont la verité ne peut plus être révoquée en doute, ne peut être attaquée par aucun moyen d'abus, qui puisse faire la plus légere impression. Le Marquis d'Hautefort convaincu de cette verité, soutient subsidiairement que quand ce mariage ne seroit point jugé abusif, du moins il ne pourroit produire d'effets Civils, parce qu'il a été tenu secret & caché pendant tout le cours de la vie du Comte d'Hautefort, il ne sera pas difficile de démonstrer en peu de mots l'illusion de cette seconde prétention.

SECONDE QUESTION.

Le mariage de l'Intimée peut-il produire des effets Civils ?

Le Marquis d'Hautefort qui soutient que le mariage de l'Intimée ayant été tenu secret & caché depuis sa celebration, jusqu'au moment de la mort du Comte d'Hautefort, ne peut produire d'effets Civils, ne fonde cette prétention que sur l'Article V. de la Declaration de 1639. commençons par en rappeller les termes, pour faire sentir que le Marquis d'Hautefort n'en peut faire aucun usage dans les circonstances particulieres où nous nous trouvons.

Desirant pourvoir à l'abus qui commence à s'introduire dans notre Royaume par ceux qui tiennent leurs mariages secrets & cachés pendant leur vie, CONTRE LE RESPECT QUI EST DU A UN SI GRAND SACREMENT, *Nous ordonnons que les majeurs contractent leurs mariages publiquement*, *& en face de l'Eglise avec les solemnités prescrites par l'Ordonnance de Blois*, *& déclarons les Enfans qui naîtront de ces mariages que les Parties ont tenus jusques ici*, *où tiendront à l'avenir cachés pendant leur vie*, QUI RESSENTENT PLUSTOST LA HONTE D'UN CONCUBINAGE, QUE LA DIGNITE' D'UN MARIAGE, *incapables de toutes successions aussi-bien que leur Postérité.*

Il ne faut pas perdre de vûe que cet article V. de la Déclaration de 1639. est relatif au préambule dans lequel le Legislateur ne s'éleve, & ne déploye

F

fa feverité que contre les mariages *qui troublent le repos des familles, & flétrif-*
fent leur honneur par des alliances inégales, & fouvent honteufes & infâmes. Il eſt
donc évident que la peine de la privation des effets civils n'eſt prononcée
par l'article V. que contre les mariages honteux & deshonorans, que leur
turpitude oblige de tenir fecrets & cachés pendant toute la vie de ceux qui
les ont contraſtés, par conféquent cet article eſt abſolument fans application à l'égard des mariages qui n'offenfent en rien l'honneur des familles,
& dont ceux qui les ont contraſtés ne doivent point rougir.

Mais quand on fait une attention plus particuliere aux termes mêmes de
cet article, on découvre encore plus clairement l'objet du Legiſlateur.

Suivant les propres termes de cet article, le but du Legiſlateur eſt de *pour-*
voir à un abus qui s'introduit dans le Royaume par ceux qui tiennent leurs mariages
fecrets & cachés pendant leur vie, contre le refpeſt qui eſt dû à un fi grand Sacre-
ment, & la peine de la privation des effets civils n'eſt appliquée qu'à ces
mariages *qui reſſentent plutôt la honte d'un concubinage que la dignité d'un mariage.*

Or, dans quel cas eſt-il vrai de dire que l'on viole par le fecret le refpeſt
dû au Sacrement du Mariage, & qu'un mariage myſterieux reſſent plutôt la
honte d'un concubinage que la dignité d'un mariage? C'eſt quand ceux
qui fe font mariés, effrayés de la turpitude de leur engagement qu'ils vou-
droient pouvoir eux-mêmes oublier, fe déterminent pour cacher leur honte
à ne jamais déclarer leur mariage, & à en dérober au public la connoiſſance
juſqu'au moment de leur mort. Voilà l'abus que le Légiſlateur a voulu ré-
primer.

Mais de bonne foi, peut-on foutenir que cette Loi rigoureuſe reçoive
fon application à l'égard des mariages qui n'offenfent en rien l'honnêteté publique, & que ceux qui les ont contraſtés n'ont eu en vûe de tenir fecrets
que pendant un eſpace de tems fort court, par des raiſons dont ils ne doivent compte à perfonne, quand il exiſte en même-tems des preuves non
équivoques, que ceux qui fe font mariés fecretement, avoient un deſſein
formé de déclarer & de rendre public leur mariage dans un tems peu éloigné, & que l'exécution de ce projet n'a été traverſée que par la mort inopinée de l'une des deux Parties? Quiconque voudra confulter les lumieres
de la raiſon, demeurera convaincu que ce cas fingulier eſt totalement diffé-
rent de celui que les Loix ont prévu.

Or dans l'eſpece dont il s'agit il eſt bien évident que le deſſein du Comte
d'Hautefort & de l'Intimée n'a jamais été de dérober au Public pendant tout
le cours de leur vie la connoiſſance de leur mariage, & qu'au contraire l'intention du Comte d'Hautefort étoit de déclarer & de rendre public fon mariage au mois d'Avril 1727. C'eſt ce qui réfulte clairement de fa lettre,
dont on a déja rapporté pluſieurs fois les termes: *ne vous allarmez pas fi vîte,*
je vous repete que LE MOIS D'AVRIL NE ME REVERRA PAS DANS CE MAUDIT PAYS.
Vous ſçavez ce que je vous ai dit de mon arrangement, je partirai pour Hauterive,
PERSONNE N'AURA PLUS DE MESURES A GARDER . . . . *fi je venois à manquer*
AVANT QUE NOTRE MARIAGE FUST DECLARÉ. Ces expreſſions ne font pas
ambigues, *le mois d'Avril ne me reverra pas dans ce maudit pays.* Il devoit donc
rejoindre l'Intimée au mois d'Avril fuivant, c'eſt le mois d'Avril 1727, car
cette lettre eſt du mois de Novembre 1726; *vous ſçavez ce que je vous ai dit*
de mon arrangement. Il y avoit donc un arrangement concerté entre le Comte

d'Hautefort & l'Intimée, & quel étoit cet arrangement? Le Comte d'Hautefort devoit se rendre à Hauterive, & alors personne ne devoit plus avoir
de mesures à garder : *je partirai pour Hauterive, personne n'aura plus de mesures
à garder*. Si personne ne devoit plus avoir de mesures à garder au mois d'A-
vril 1727, aussitôt que le Comte d'Hautefort se seroit rendu à Hauterive,
il ne devoit donc plus y avoir de mystere sur le mariage du Comte d'Hautefort & de l'Intimée?

Il est vrai que par l'évenement le Comte d'Hautefort est mort sans avoir
rendu son mariage public; mais l'époque de sa mort est-elle posterieure au
tems auquel il nous apprend par sa lettre que *personne n'aura plus de mesures à
garder*? Non, sa mort est arrivée à Paris le 7 Fevrier 1727, pendant que l'Intimée étoit au Château de S. Quentin, éloignée de lui de plus de soixante-
dix lieues. Et dans quelles circonstances le Comte d'Hautefort est-il mort?
Dans un tems où il étoit nommé pour commander les Vaisseaux du Roy ar-
més à Brest & à Toulon, Commandement qu'il devoit prendre à la fin
d'Avril ou au commencement de May 1727, & dans un tems où il se regardoit si peu comme menacé d'une mort prochaine & inévitable, que la
veille même de sa mort ayant reçu par la Poste differentes lettres, du nombre desquelles il y en avoit une écrite par l'Intimée, il se fit lire tranquille-
ment par un de ses domestiques nommé Etienne Gobu, dit Bourguignon,
les lettres qui lui étoient écrites par d'autres que par l'Intimée, & comman-
da à ce même domestique de conserver avec soin la lettre de l'Intimée,
parce qu'il vouloit la lire en son particulier lorsqu'il se porteroit mieux; &
après la mort du Comte d'Hautefort qui arriva le lendemain 7 Fevrier 1727,
à neuf heures du matin, ce domestique remit la lettre de l'Intimée toute cachetée entre les mains de Mandeix le plus ancien des domestiques du Comte
d'Hautefort, qui est actuellement au service du Marquis d'Hautefort. Ce fait
important a été constaté dans le cours du Procès criminel par la déposition
de ce domestique, qui a perseveré au récolement & à la confrontation.

Quand on rassemblera tous ces faits sous un même point de vûe, on demeurera convaincu que l'article V. de la Declaration de 1639, ne peut jamais
recevoir d'application au cas où nous nous trouvons, parce que si le Comte
d'Hautefort est decedé le 7 Fevrier 1727, avant que son mariage fût declaré, il est du moins certain & prouvé par écrit que le dessein du Comte
d'Hautefort étoit de déclarer son mariage au mois d'Avril suivant, & qu'il
auroit executé son dessein, s'il n'avoit pas été surpris par une mort inopinée.

Et en effet, que l'on consulte tous les Arrêts qui ont appliqué la peine
prononcée par l'article V. de la Declaration de 1639, il ne s'en trouvera pas
un seul qui soit intervenu dans une espece semblable à la nôtre. Ils ont tous
été rendus à l'occasion de mariages honteux & deshonorans, ou par la pro-
digieuse inégalité des conditions, ou par le déreglement des mœurs.

Le Marquis d'Hautefort a essayé d'en citer un du 26 May 1705, rapporté
dans le premier Volume du Recueil des Arrêts notables. Mais en verité il
n'est pas heureux dans le choix des préjugés qu'il appelle à son secours.

Dans l'espece de cet Arrest il s'agissoit d'un de ces mariages qui flétrissent
l'honneur des familles par des alliances inégales. Ce mariage avoit esté contracté par le Sieur Sonnet de la Tour Tresorier des Suisses, Charge impor-
tante & honorable; mais quelle étoit celle qu'il avoit épousée, une nommée

Marie Jonvelle ouvriere du Palais, demeurante rue de la Savaterie. Il s'étoit écoulé un intervalle de onze mois entre la celebration de ce mariage & le decès du Sieur Sonnet de la Tour. Marie Jonvelle avoit continué de demeurer paifiblement dans fa chambre rue de la Savaterie, quoique le Sieur Sonnet de la Tour eût loüé depuis fon mariage dans la rue Chriftine un appartement plus confiderable que celui qu'il occupoit au tems de fon mariage rue Mazarine. Marie Jonvelle avoit toujours diffimulé fon Etat, & M. l'Avocat General le Nain remarqua que ce déguifement *faifoit affés connoître quelle avoit été l'intention des parties, & que la qualité de femme du Sieur Sonnet étoit trop honorable à Marie Jonvelle pour croire qu'elle l'eût negligée, fi le Sieur Sonnet lui eût permis de la prendre.* Ces termes dans lefquels M. le Nain s'expliqua, meritent une attention finguliere. Ils nous prouvent clairement que M. le Nain, dont les Conclufions furent fuivies par l'Arreft dans cette partie, ne fe détermina à conclure contre Marie Jonvelle à la privation des effets civils, que parce qu'il étoit conftant que le déguifement dont Marie Jonvelle avoit ufé dans differens Actes pofterieurs au mariage, prouvoit *quelle avoit efté l'intention des parties,* & que le Sieur Sonnet n'avoit jamais voulu permettre à Marie Jonvelle de prendre la qualité de fa femme, parce qu'un homme de fon état rougiffoit avec raifon d'un mariage qu'il avoit eû la foibleffe de contracter avec une ouvriere du Palais. Quand on fera attention aux circonftances dans lefquelles cet Arreft de 1705 eft intervenu, on fera furpris que le Marquis d'Hautefort ait prefumé de le citer dans notre Caufe.

Il ne refte plus qu'à trancher en un mot la queftion qui concerne la Quittance de dot de 75000 livres.

TROISIEME QUESTION.

L'Intimée eft-elle bien fondée à demander la reftitution des 75000 livres de dot contenues en la Quittance du 2 Octobre 1726.

Pour fe déterminer fur cette queftion, il ne faut que fe rappeler les termes de cette quittance entierement écrite de la main du Comte d'Hautefort & fignée de lui.

J'ai reçu de Madame d'Hautefort la fomme de 75000 liv. PORTE'E PAR NOTRE CONTRAT DE MARIAGE, *& lui donne cette prefente reconnoiffance pour plus grande feureté, & pour lui être bonne, en foy de quoi j'ai écrit & figné,* Gille d'Hautefort à Hauterive ce 2 Octobre 1726.

De toutes les pieces que l'Intimée produit voilà celle qui fcandalife le plus le Marquis d'Hautefort. Mais quelque défagréable que lui foit cette piece fur la verité de laquelle il n'eft plus aujourd'hui permis de former des doutes, il n'y a pas d'apparence qu'il parvienne à fe fouftraire à la condamnation prononcée contre lui par la Sentence du 22 Juillet 1732. fur le fondement de cette quittance.

Si par un évenement extraordinaire le Comte d'Hautefort avoit furvêcu à l'Intimée, auroit-il eû des moyens pour fe défendre de la reftitution d'une dot qu'il avoit fi expreffément reconnu avoir reçue de l'Intimée? Comment donc fe peut-il faire aujourd'hui que le Marquis d'Hautefort, neveu & Legataire univerfel du Comte d'Hautefort fon oncle, des faits duquel il eft necessairement ceffairement tenu, foit difpenfé de reftituer à la Veuve de fon oncle une dot de la reception de laquelle le Comte d'Hautefort s'eft chargé envers l'Intimée.

Le Marquis d'Hautefort a beau fe récrier que cette quittance n'a aucun des caracteres d'une quittance de dot ferieufe & legitime, fi cette quittance étoit portée par un acte dont il fût refté une minute chez un Notaire, elle feroit plus authentique ; mais elle ne feroit pas plus obligatoire dès qu'elle fe trouve écrite & fignée d'un majeur qui jouiffoit de l'integrité de fon état, & dès que les termes dans lefquels elle eft conçue , annoncent qu'elle eft rélative à un contrat de mariage, qui à la verité ne paroît point aujourd'hui, mais duquel il eft prouvé par écrit, que le Comte d'Hautefort s'étoit confti- tué dépofitaire envers l'Intimée.

Eft-il vrai que le Comte d'Hautefort fe foit rendu dépofitaire de ce con- trat de mariage envers l'Intimée ? La lettre du Comte d'Hautefort du 17 Decembre 1726, ne laiffe aucun doute fur ce point. *Vous aviez raifon*, dit-il dans cette lettre, *en arrivant à Paris, j'ai trouvé ce que je croyois vous avoir donné à Hauterive, le tout eft enfemble avec notre contrat de mariage dans ma caffette avec fûreté.* C'eft ainfi que le Comte d'Hautefort s'explique dans une lettre fignée de lui, & entierement écrite de fa main. Jamais le Comte d'Haute- fort ne pouvoit plus énergiquement reconnoître qu'il avoit entre fes mains fon contrat de mariage avec l'Intimée , & que ce contrat de mariage étoit en fûreté dans fa caffette. Et quoique par l'évenement , l'Intimée ait eû le malheur de fuccomber dans une accufation qui avoit pour objet de pour- fuivre la vengeance de la fuppreffion des titres juftificatifs de fon état, du nombre defquels étoit ce contrat de mariage ; toute la conféquence qu'on peut tirer de l'Arreft qui a renvoyé le Marquis d'Hautefort de cette accufa- tion, eft qu'on ne peut pas lui imputer un délit qui confifte dans la fuppref- fion de cette piece ; mais ce même Arrêt réferve à l'Intimée fon action civile , & le Marquis d'Hautefort ne peut aujourd'hui s'en défendre comme legataire univerfel de fon oncle , dont la fucceffion eft neceffairement char- gée d'un dépôt confié au Comte d'Hautefort , & duquel il ne paroît point que le Comte d'Hautefort ait fait la reftitution. Tant que ce contrat de ma- riage ne paroîtra point , il faudra neceffairement s'en tenir à l'énonciation de la quittance du 2 Octobre 1726, & regarder la fomme de 75000 livres, dont il y eft parlé , comme portée par le contrat de mariage.

Le Marquis d'Hautefort doit d'autant moins fe flatter d'échapper à la con- damnation de la fomme contenue en cette quittance , que l'Arrêt de 1705. qu'il a cité, & qui a privé des effets Civils Marie Jonvelle , Veuve du Sieur Sonnet de la Tour , a cependant condamné fes Heritiers à reftituer à Marie Jonvelle la dot de 10000 liv. que le Sieur Sonnet de la Tour avoit reconnu par fon Contrat de Mariage avoir reçûe d'elle , quoiqu'il fût bien évident qu'une Ouvriere du Palais , qui ne gagnoit que quinze ou vingt fols par jour, n'avoit jamais été en état d'apporter à fon mari une dot de 10000 liv.

Mais, dira-t'on , la reconnoiffance de la dot de Marie Jonvelle étoit por- tée par le Contrat de Mariage anterieur à la celebration du mariage ; & par conféquent, ne pouvoit jamais être confiderée comme un avantage fait par un mari à fa femme dans un tems prohibé, au lieu que la quittance dont il s'agit , du 2. Octobre 1726. fe trouve poftérieure de plufieurs jours à la ce-

G

lebration du mariage du 19 Septembre précédent, d'où il suit que tant que l'Intimée ne justifie point l'origine de cette somme de 75000 liv. la re-connoissance dont il s'agit, doit être regardée comme un avantage prohi-bé par les Loix, suivant la regle si connue, *qui non potest donare non potest confiteri.*

Les réponses à cette objection se présentent d'elles-mêmes.

1°. De la maniere qu'est conçûe la quittance que l'Intimée représente ; on a lieu de présumer que son Contrat de Mariage étoit chargé d'une sem-blable reconnoissance, puisqu'il est dit dans cette quittance que cette som-me de 75000 liv. étoit *portée par notre Contrat de Mariage*, & que le Comte d'Hautefort y a ajoûté qu'il *donnoit cette présente reconnoissance pour plus grande sûreté & pour lui être bonne.* Cette plus grande sûreté ne pouvoit consister qu'en ce que le Comte d'Hautefort administroit à l'Intimée un titre qui le chargeoit envers elle de la restitution de cette somme, quoiqu'il en fût déja chargé par un autre titre qu'il ne lui remettoit point, & qu'il gardoit en sa possession.

2°. Quand il demeureroit pour certain que le Comte d'Hautefort ne se seroit constitué débiteur de ces 75000 livres que par la seule reconnoissance du 2 Octobre 1726, on ne seroit pas pour cela autorisé à regarder cette reconnoissance comme un avantage prohibé par les Loix, soit parce qu'il est très-naturel de penser qu'une personne de la naissance & de la condition de l'Intimée a pu sans effort apporter à son mari une dot de 75000 livres, soit enfin parceque quand on seroit tenté de regarder cette reconnoissance comme un avantage que le Comte d'Hautefort auroit voulu faire à l'Inti-mée, il n'estoit point constitué par les Loix dans l'impuissance d'avantager sa femme, dès qu'il possedoit une Terre considerable qu'il avoit acquise en 1720, dont la valeur excede de beaucoup les 75000 livres énoncées dans la Quittance du 2 Octobre 1726, & qui est situéé aux portes de Noyon, dont la Coutume, article 21, permet aux conjoints par mariage de se don-ner l'un à l'autre tous leurs meubles, acquêts & conquêts immeubles, même dans le cas où ils auroient des enfans, sauf la légitime des enfans. Mais cette reflexion n'est que subsidiaire : le point capital & décisif est que la Quittance du 2 Octobre 1726, ne peut jamais être envisagée que comme une veritable Quittance de dot, dès qu'elle est relative à un Contrat de mariage, qui à la verité ne paroît point aujourd'hui, mais dont le Comte d'Hautefort s'est reconnu par écrit dépositaire envers l'Intimée.

Tout se réunit donc dans cette affaire en faveur de l'Intimée ? Son mariage avec le Comte d'Hautefort est à l'abri de toute critique ; le seul moyen d'a-bus que le Marquis d'Hautefort oppose porte à faux & dans le droit & dans le fait. Dans le droit, parce que le mariage dont il s'agit n'a rien qui ressem-ble à ces conjonctions malheureuses, contre lesquelles nos Loix s'élevent avec tant de force. Dans le fait, parce que le Curé d'Argentré estoit évi-demment le propre Curé du Comte d'Hautefort, Seigneur de la Paroisse d'Argentré, & domicilié dans le Château d'Hauterive qui avoit esté la de-meure de ses peres, & qu'il avoit recueillie dans leurs successions. Le Mar-quis d'Hautefort n'est pas mieux fondé à prétendre que ce mariage ne peut pas produire d'effets civils, quoiqu'il n'eût point esté rendu public avant la mort du Comte d'Hautefort, parce qu'il est prouvé d'un côté que le dessein

du Comte d'Hautefort eſtoit de le déclarer au mois d'Avril **1727**. & parce
que d'un autre côté il eſt cetain que le Comte d'Hautefort a eſté ſurpris
d'une mort inopinée, qui ſeule l'a empêché de rendre à l'Intimée la juſtice
qu'il lui devoit. Enfin, le Marquis d'Hautefort ne peut jamais ſe ſouſtraire à
la neceſſité de reſtituer une dot que le Comte d'Hautefort a reconnu avoir
reçûe par un Acte écrit & ſigné de ſa main, relatif à un Contrat de mariage
dont il s'étoit rendu dépoſitaire à l'égard de l'Intimée. Rien ne peut donc
plus arrêter la déciſion définitive qui doit aſſurer à l'Intimée ſon état, & ter-
miner des conteſtations épineuſes dont elle ne peut attendre qu'un ſuccès
favorable, dès qu'elle a le bonheur d'être jugée par un Tribunal auguſte, où
le crédit & la protection ne peuvent rien contre la verité & la juſtice.

Mᵉ A U B R Y , Avocat.

C A M U S, Procureur.

De l'Imprimerie de la Veuve LE MERCIER, 1734.

www.ingramcontent.com/pod-product-compliance
Lightning Source LLC
Chambersburg PA
CBHW060530200326
41520CB00017B/5186